ESSAI

SUR

LE CARTULAIRE

DE

L'ABBAYE DE SAINTE-FOI

DE CONQUES EN ROUERGUE

(X^e-XIIe SIÈCLES)

PAR

G. DESJARDINS

ARCHIVISTE DU DÉPARTEMENT DE SEINE-ET-OISE

1re PARTIE

PARIS

1872

ESSAI

SUR

LE CARTULAIRE

DE

L'ABBAYE DE SAINTE-FOI

DE CONQUES EN ROUERGUE

(IXe-XIIe SIÈCLES)

PAR

G. DESJARDINS

ARCHIVISTE DU DÉPARTEMENT DE SEINE-ET-OISE

EXTRAIT

de la *Bibliothèque de l'École des chartes,*
XXXIIIe VOLUME. 1872

PARIS

—

1872

Ⓒ

[illegible]

ESSAI

SUR LE

CARTULAIRE DE L'ABBAYE DE SAINTE-FOI

DE CONQUES EN ROUERGUE

(IXe-XIIe SIÈCLES).

Dans les montagnes du Rouergue, non loin de Rodez, prend sa source une rivière qu'on appelle le Dourdou et dont les eaux rougeâtres descendent vers le Lot à travers un pays tourmenté. Après avoir baigné le pied du village de Salles-la-Source, célèbre par ses cascades, le vallon de Marcillac où les bourgeois de Rodez vont en villégiature, à la saison des vendanges, et la plaine de Saint-Cyprien, unie comme le bassin d'un étang et fertile en melons; elle s'engage tout à coup, rapide et bruyante, dans des gorges étroites d'un aspect sinistre; c'est à grand'-peine qu'un chemin suffisant pour une voiture a été dérobé à son lit. A une lieue de là, le mur de rochers s'entr'ouvre à droite pour livrer passage à un torrent; ses parois écartées forment un immense trou ressemblant assez à une conque. Dans cet espace, est suspendue à mi-côte une petite plate-forme. On y grimpe par une pente presque verticale sur laquelle se hissent les maisons d'un village, et on arrive en face d'un grand portail sculpté, dans le tympan duquel un bas-relief déploie les terreurs du juge-ment dernier. C'est l'église abbatiale de Sainte-Foi de Conques, bâtie par des bénédictins dont le couvent a été démoli depuis la Révolution. Une nef courte précède un large transept et une abside de vastes proportions que l'obscurité grandit encore [1]. On

---

1. Mérimée a décrit cette église dans les *Notes d'un voyage dans le midi et dans l'orient de la France*. Paris, 1835, 2 vol. in-8°.

ne s'attend pas à trouver un pareil monument dans ce pays presque sauvage ; et lorsque, dans l'ombre des armoires du chœur, on voit étinceler des reliquaires, des crucifix, des têtes et des bras de saints, des bas-reliefs, des tryptiques en argent et en or, couverts de pierreries parmi lesquelles on ne compte pas moins de 63 camées et intailles antiques, on se demande si ce n'est pas un rêve qu'on fait tout éveillé [1]. Avec une grande croix d'argent du XVe siècle, ornée de 21 figurines dorées d'un travail exquis, haute de 1 mètre 40 centimètres et large de 80 centimètres, ce qui frappe davantage, c'est une statue de sainte Foi, vierge et martyre, couronne en tête, assise sur un trône, dans l'attitude qu'on donne aux reines sur les sceaux de majesté. Elle est en effet la reine de ce lieu, et elle a eu au loin des tributaires qui sont venus lui rendre hommage de presque toutes les provinces de France, de l'Espagne, de la Suisse, de l'Italie, de l'Allemagne et même de l'Angleterre.

Les miracles opérés par la vertu de ses reliques ont été racontés dans un livre édité par le P. Labbe [2] et le P. Ghesquier [3]. Il en est parmi eux qui ont scandalisé les auteurs de l'*Histoire littéraire* [4]. Quelques-uns en effet manquent de cette gravité qui fut de mode au grand siècle ; d'autres font penser aux légendes naïves des *Fioretti*. La vieille comtesse Berthe les appelait, au XIe siècle, « les plaisanteries de sainte Foi, » *joca sanctæ Fidis*.

Mabillon a parlé de l'origine de l'abbaye de Conques dans les Annales de l'ordre de saint Benoît [5]. Les Bollandistes ont traité plusieurs points de son histoire dans l'article consacré à sainte Foi [6], et les auteurs du *Gallia christiana* ont rédigé une notice détaillée des abbés [7]. Tous ces travaux, très-importants, contiennent cependant un assez grand nombre d'inexactitudes. On n'en sera pas étonné, si l'on considère que ces illustres érudits

---

1. M. Darcel a publié les dessins des principales pièces de ce trésor, avec un commentaire qui prouve une grande sagacité, dans les *Annales archéologiques* de Didron, t. 16, 20 et 21. Il a oublié ou négligé quatre camées ou intailles, t. 20, p. 327.

2. *Nova bibliotheca manuscriptorum*, t. II, p. 531.

3. *Acta Sanctorum. Octob.* t. III, p. 300.

4. T. VII.

5. T. II.

6. *Octob.*, t. III, p. 263.

7. T. I.

n'ont pu consulter que les documents peu complets, recueillis par le conseiller Doat et déposés d'abord chez Colbert et depuis à la bibliothèque du roi [1].

J'ai eu le bonheur de trouver, aux archives de la Société des lettres, sciences et arts de l'Aveyron, le cartulaire de l'abbaye dans lequel sont copiées 548 chartes, parfaitement sincères, comprises entre les années 801 et 1180, sans compter 8 pièces transcrites après coup dans les marges et dans les intervalles, et 12 autres sur les gardes. Ces documents fournissent des indications certaines sur l'histoire de l'abbaye, et aussi des matériaux précieux pour l'étude de la géographie, des institutions, des mœurs, de la condition des personnes et des propriétés du ixe au xiie siècle. Je me propose d'en extraire brièvement les faits les plus saillants et les moins connus. Mais d'abord il convient de dire quelques mots de l'âge et de l'état du cartulaire.

Pour l'œil, ce manuscrit, de format in-8⁰, contenant 267 feuillets en vélin, se divise en trois parties. La première comprend 17 cahiers, de 8 feuilles chacun [2]. Les pages, réglées et encadrées de traits à la pointe, ont 22 lignes. L'écriture, qui paraît des premières années du xiie siècle, est fort belle ; les mots sont bien espacés, les lettres initiales coloriées d'un vermillon très-vif. Les plus récentes des pièces nomment l'abbé Begon, mort avant 1110. — Les 13 cahiers suivants, aussi de 8 feuilles chacun [3] (fos cxxxvii à ccxxxvii), sont d'une écriture plus serrée, bonne encore, avec 28 lignes à la page. Le rouge des initiales est moins fin. La main est certainement aussi de la première moitié du xiie siècle. Les actes copiés ne descendent pas plus bas que l'époque où vivait Etienne, prédécesseur immédiat de Begon. — Le reste du manuscrit [4] présente les écritures et les encres les plus diverses, antérieures cependant au xiiie siècle. Jusqu'au feuillet ccli, on ne rencontre pas un document qui soit postérieur à 1110. Dans les pages qui terminent le volume, se trouvent des pièces avec le nom d'Isarn, abbé vers 1170. C'est

---

1. Vol. 143 et 144 de la *Collection Doat*.

2. A l'exception du 5ᵉ qui n'en a que sept.

3. A l'exception du 13ᵉ, le 30ᵉ de tout le manuscrit, qui a seulement sept feuillets.

4. Il forme quatre cahiers ayant, les deux premiers huit, le troisième six, et le dernier sept feuillets.

à cette époque que le cartulaire a été clos ; pour y faire entrer un acte de 1183, on a été obligé de l'écrire dans les marges.

En résumé, il a dû être fait au commencement du xiie siècle, à l'exception des 4 derniers cahiers qui ne sont guère postérieurs à 1170. On n'y voit pas la copie de la donation du prieuré de Schélestadt en 1167 [1], qui était cependant digne d'y trouver place. Quant à la méthode adoptée pour la transcription des documents, le copiste semble avoir eu le projet de les ranger par ordre de lieux. Mais le premier classement ayant sans doute été mal exécuté, il a fallu insérer les pièces oubliées à fur et à mesure qu'on les découvrait ; de là quelque confusion qui rend les recherches assez difficiles. Les bulles des papes, à l'exception d'un acte d'Honorius III, copié en marge du feuillet xxiv, et les diplômes des souverains de la France, octroyés à l'abbaye, n'ont pas été transcrits dans le cartulaire. Sa reliure date du xvie siècle, car quelques notes écrites vers 1550 sur le bord du feuillet cxiii v° ont été rognées. Une main de cette époque a donné au manuscrit ce titre prétentieux : *Liber Mirabilis* [2].

I.

HISTOIRE DE L'ABBAYE DE CONQUES.

1° Origine de l'abbaye. — Procès avec le monastère de Figeac.

Fondation de Conques. — Au temps de Charlemagne, Dadon, voulant se livrer à la vie contemplative, alla chercher la solitude dans l'âpre désert de Conques. Là, pendant l'invasion des Sarrasins qui dévastèrent le Rouergue, quelques chrétiens réfugiés avaient élevé un petit oratoire. Dadon s'y bâtit un ermitage où il reçut un compagnon nommé Madraldus.

La sainteté des deux ermites fut bientôt en renom dans le voisinage et un certain nombre de prosélytes se mit sous leur direction. Guibert, comte de Rouergue, leur fit don du territoire qui appartenait au fisc, et ils construisirent un monastère et une église sous l'invocation du Saint-Sauveur.

---

1. **Doat.** 143.
2. **Les chartes ont été numérotées au xviie siècle d'une manière très-fautive.**

Mais Dadon, pour qui la solitude avait plus d'attrait que la vie commune, se retira à Grandvabre, laissant à Madraldus le gouvernement de la congrégation. Dans le même temps, saint Benoît d'Aniane restaurait en Aquitaine la règle bénédictine. Louis le Débonnaire, qui prit sous sa protection le nouveau couvent, le visita plusieurs fois et l'enrichit de ses bienfaits, invita les cénobites à la suivre et leur envoya des bénédictins capables de joindre l'exemple à la leçon [1]. Une charte constate qu'elle florissait à Conques en 801 [2].

Fondation de Figeac. — Environ vingt ans après que Louis le Débonnaire eût doté l'abbaye, Pépin II, roi d'Aquitaine, lui donna le monastère de Jonant, tombé en décadence et peut-être en ruines [3]. Mais quand il fallut en recevoir les habitants, l'étroitesse des rochers ne permit pas de construire des bâtiments suffisants. La difficulté des chemins rendait d'ailleurs l'approvisionnement presque impossible. Alors le roi, sans doute à l'instigation de l'abbé Elie, forma le projet de fonder une succursale dans un lieu plus accessible et plus commode. Figeac fut choisi ; on y bâtit un couvent qui fut nommé la *Nouvelle Conques*. Les moines de Jonant s'y réunirent à une partie de ceux de Conques, sous l'autorité d'Elie. Cependant, l'honneur de la priorité étant réservé à l'abbaye-mère, le roi laissa aux moines de la Nouvelle Conques, après la mort d'Elie ou de son successeur, s'ils trouvaient dans leurs rangs un frère en état de les conduire selon la règle de saint Benoît, la faculté de l'élire abbé [4].

Procès entre les deux abbayes. — Il semble que, dans le cours du xᵉ siècle, ces dispositions aient été respectées. Vers 961, le testament de Raymond Iᵉʳ, comte de Rouergue et marquis de Gothie, nous montre les deux abbayes vivant en bonne intelligence ; ce seigneur partage entre elles l'église d'Auriniac.

1. *Gal. christ.*, p. 236, diplôme de Louis-le-Débonnaire, 819. — *Arch. de la Société des lettres, sciences et arts de l'Aveyron.* Diplôme de Pépin d'Aquitaine, 839, en original.
2. Cartul., fol. II.
3. Dans un titre, faux, il est vrai, tiré des archives de Figeac et cité dans le *Gallia christiana*, t. I, p. 171, on lit que l'abbaye de Jonant avait été détruite par une inondation.
4. Diplôme de Pépin d'Aquitaine, 839, déjà cité.

L'abbaye de Conques est nommée la première : *in primis dono ad illo cœnobio de Conquas illa medietate de illo alode de Auriniaco et de illas ecclesias et de omnibus villariis quœ ibi aspiciunt et alia medietate ad illo cœnobio de Figiaco*[1]. Une autre pièce prouve que, vers 972, Figeac avait un abbé spécial, Castlo, auquel Rainulphe donne l'église de Fons en Querci. Castlo s'empresse de faire confirmer cette donation par le pape Benoît VI[2]. Il craignait donc que quelqu'un n'en contestât la propriété à son couvent. Les abbés de Conques avaient-ils déjà élevé, à ce moment, la prétention de dominer Figeac? On peut le supposer, car les deux maisons ne tardèrent pas à être en guerre ouverte. Au milieu du xi° siècle, l'abbé de Conques, Odolric, invoque contre Figeac le secours du bras séculier. A sa demande, Begon de Calmont réunit de force le second monastère au premier et décide que, après la mort de l'abbé existant de Figeac, son successeur sera nommé par l'abbé de Conques, avec l'agrément des seigneurs de Calmont[3]. Il faut remarquer que les intentions du roi Pépin sont méconnues dans cet acte, au préjudice de l'abbaye de Figeac.

Celle-ci, pour échapper au joug de sa rivale, va se mettre dans l'obédience de l'abbaye de Cluny, gouvernée alors par saint Hugues qui ne s'empresse pas d'accueillir cette recrue amenée par le dépit. Mais les moines de Figeac circonviennent le père de Begon, Hugues de Calmont, qui avait pris le froc à Cluny. Ce seigneur triomphe des scrupules de saint Hugues. Sur ces entrefaites, Hugues de Calmont vient à mourir, et l'abbé de Cluny hésite de nouveau. Alors Begon, pour se conformer sans doute aux derniers désirs de son père, changeant tout à coup de résolutions, consent, en 1074, par une donation solennelle, à transporter à l'abbé de Cluny les droits qu'il avait précédemment assurés à l'abbé de Conques[4].

Le successeur d'Odolric, Etienne II, présent au concile convoqué à Rome, en 1076, pour juger l'empereur d'Allemagne, en appelle à Grégoire VII[5]. Le pape, dans une bulle datée de l'an-

---

1. Dom Vaissete, *Hist. du Languedoc*, t. II, Preuves, p. 107.
2. P. 540 et Preuves, p. 103.
3. *Gallia christiana*, t. I, *Instr.* p. 52, XI.
4. *Instr.*, p. 44, XXXVI et XXXVII.
5. Cartul. de Conques, f° XLVII. — *...eo tempore quo papa Gregorius VII convocavit Romæ magnum sinodum episcoporum et abbatum adversum Hœnrici*

née 1084, déclare que Figeac doit se soumettre à Conques, et pour le bien de la paix, ordonne que d'Etienne, abbé de Conques, ou d'Airald, abbé de Figeac, celui qui survivra réunira les deux abbayes [1]. On voit que cette décision ne tient aucun compte du diplôme de Pépin d'Aquitaine.

Etienne, abbé de Conques, meurt le premier ; mais son couvent refuse d'obéir à un supérieur venant de Figeac, et lui donne un autre successeur. L'affaire est portée devant le concile de Clermont en 1095. Les moines de Conques y présentent la bulle de Grégoire VII qui les condamnait eux-mêmes. A la lecture de ce document, le concile dépose l'abbé qu'ils avaient élu et réunit les deux monastères dans la main de l'abbé de Figeac. « Il y eut » alors, dit le pape Urbain II, une telle discorde, que le tempo- » rel des deux maisons fut compromis et le salut des âmes en » péril. » L'abbé de Cluny, à qui la bulle produite par les défen- seurs de Conques enlevait les droits qu'il tenait de la volonté des moines de Figeac et de la donation de Begon de Calmont, pré- tendit qu'elle avait été expédiée subrepticement et qu'elle n'était pas conforme au prononcé du jugement de Grégoire VII auquel il assistait. Enfin en 1097, le concile de Nîmes imposa un terme à ces débats, en séparant les deux abbayes et en donnant à cha- cune d'elles le droit de nommer son abbé [2].

Il est certain, d'après le texte des jugements rendus dans ce long procès, que les moines de Conques ne produisirent jamais que des copies tronquées du diplôme de Pépin d'Aquitaine. On le comprend : cette pièce les eût convaincus d'usurpation flagrante.

Chronique de Figeac. — Les moines de Figeac savaient par tradition qu'ils avaient droit à l'indépendance, mais ils ne pos- sédaient aucuns titres qui pussent le prouver. Ils en inventèrent. Baluze a publié une chronique de Figeac qui a dû être composée à la fin du XIe siècle [3]. Elle traite de l'origine de l'abbaye et donne un catalogue d'abbés qui s'arrête justement à Airald, mis,

---

regis placitum, et quo tempore Stephanus, abbas Conchensis, Figiaci monaste- rium ab eodem papa impetravit, asserentibus omnibus qui erant in palatio ut, sicut præcepta regalia monstrabant, perpetuo abbati Conchensi esset subditum et serviret sicut membra capiti.

1. *Gal. Christ.*, t. I, p. 241.
2. *Instr.*, p. 44, XXXVIII.
3. *Miscellanea*, t. IV, p. 1. *Lucæ*, 1761-1764.

en 1095, à la tête des deux maisons par le concile de Clermont.

D'après ce document, l'abbaye de Figeac, fondée par Pépin le Bref, est détruite par une invasion de Barbares au commencement du ${ix}^e$ siècle. Elle est reconstruite, en 822, par Aimar qui réunit autour de lui une nouvelle communauté et la dirige 32 ans. On ne sait de quels Barbares le chroniqueur veut parler. Les Sarrasins franchirent, il est vrai, les Pyrénées en 793, mais ils ne s'étendirent pas au-delà de la Septimanie [1].

Aimar a pour successeurs de puissants abbés, dont plusieurs sont, comme lui, sacrés par le Souverain-Pontife. Cependant, la chronique ne cite pas d'acte auquel ces abbés aient pris part, pas de donation qu'ils aient reçue. Leurs noms se suivent avec une date vague et quelques indications banales. A l'exception d'Adalgerius et de Lautardus, on n'en trouve aucun dans les chartes de Conques. Castlo, dont j'ai parlé plus haut, est le seul qui ait été mentionné dans une pièce authentique.

La chronique insiste sur les plus petits détails des relations entre Figeac et Conques. Ainsi Aimar, le restaurateur de l'abbaye, fait faire deux croix de dimensions différentes : la plus petite pour Conques, la plus grande pour Figeac, supérieur en dignité. Géraud, sous Charles le Simple, est offensé par les moines de Conques et les punit en leur imposant pour prieur un jardinier du couvent de Figeac. Adalgerius, après s'être emparé à prix d'argent de Conques, achète également Figeac et se casse la jambe en visitant ses nouveaux domaines. Le chroniqueur va même jusqu'à insinuer que les moines de Conques ont bien pu empoisonner l'abbé Lautard qui meurt chez eux.

Mais il ne sait rien des faits contraires aux prétentions soutenues par son abbaye, et il oublie un événement contemporain assez important cependant : la réunion de Figeac à Conques par Begon de Calmont.

A proprement parler, ce document est donc plutôt un *factum* qu'une chronique. Il a été rédigé au cours du procès, porté devant les papes et les conciles, et pour les besoins de la cause.

Chronique de Conques. — De leur côté, les moines de Conques avaient aussi composé une chronique qui est imprimée dans le *Thesaurus Anedectorum* de dom Martène [2]. L'auteur,

---

1. *Hist. du Languedoc*, t. I, p. 452. — 2. **T. III.**

anonyme, s'appuie sur des documents dont nous pouvons encore aujourd'hui vérifier l'authenticité. A l'exception de trois ou quatre, les noms des abbés dont il présente la courte notice s'y retrouvent, à peu près à la date qu'il leur assigne. Le *Gallia christiana* corrige avec raison quelques interversions dans l'ordre de succession de ces dignitaires.

Le chroniqueur met aussi en relief les faits qui se rapportent à Figeac. Il note d'abord sa fondation sous Pépin d'Aquitaine, puis il énumère des confirmations par Charles le Chauve et Charles le Simple des droits de Conques sur cette abbaye qui, si elles ont jamais existé, ont disparu. Comme l'historien de Figeac, il accuse de simonie Adalgerius. Il raconte ensuite qu'un neveu de Lautard usurpa Figeac et que, condamné par l'autorité apostolique, il se soumit à cette sentence et vint faire pénitence à Conques. Suivant lui, l'abbé Etienne II aurait fait à Figeac beaucoup de bien et l'aurait remis en possession d'un grand nombre de domaines enlevés. Mais il ne dit mot de la déposition de son successeur par le concile de Clermont. Il s'arrête à Begon III, contemporain d'Airald, dernier abbé nommé dans la chronique de Figeac.

Ce document, qui se termine à la même date que cette dernière, et dans la rédaction duquel on relève des préoccupations analogues, avec moins d'animosité cependant, a été évidemment rédigé à la même époque et dans le même but.

En tête de cette chronique, on lit dans la collection manuscrite de Doat[1] un préambule qui traite des origines de l'abbaye de Conques. M. de Gaujal l'a publié dans les *Études historiques sur le Rouergue*[2]. D'après ce texte, le monastère existait bien avant le patriarche des moines d'Occident. Les vertus de la Thébaïde y florissaient du vivant même de saint Paul, premier ermite, et de saint Antoine. Déjà en 371, les païens y massacrent un millier de solitaires et un archimandrite. Un second couvent, rebâti aussitôt, est détruit par les Francs qui ravagent l'Aquitaine sous la conduite de Théodebert « en 564[3]. » Ces barbares y tuent encore une quantité innombrable de moines. Un

1. Vol. 143.
2. 2ᵉ édit., t. IV, p. 391.
3. Il faudrait au moins : 574. — *Hist. du Languedoc*, t. I, p. 452.

troisième sort de cette terre féconde; il est l'objet des faveurs toutes spéciales des rois et surtout de Clovis qui le visite et le fortifie; mais en 730, les Sarrasins n'y laissent ni une pierre debout ni un habitant vivant. L'auteur a soin de remarquer qu'ils brûlèrent les archives; il est ainsi dispensé de fournir la preuve de son récit. Pépin le Bref rétablit le couvent, y appelle Dadon et ce désert est encore une fois repeuplé. La quatrième abbaye devient même si considérable que Charlemagne, voulant marquer qu'elle est le premier de tous les monastères royaux, lui envoie un reliquaire en forme d'A, première lettre de l'alphabet. On a lu plus haut l'analyse des diplômes de Louis le Débonnaire et de Pépin d'Aquitaine qui donnent sur la vraie fondation les détails les plus circonstanciés. Ils me dispenseront de réfuter ces inventions, forgées seulement au xvie siècle.

Le style de ce morceau, bien différent du latin incorrect de la chronique, a les mêmes allures qu'un récit de la translation des reliques de sainte Foi que je discuterai tout à l'heure, et qui est, à n'en pas douter, contemporain de la Renaissance. A cette époque, les moines soutinrent en cour de Rome un procès, dont le résultat fut la suppression de l'abbaye. Une partie du dossier de cette affaire est conservée aux archives départementales de l'Aveyron, fonds de l'évêché de Rodez. Le préambule qui vient d'être analysé a dû être rédigé à l'occasion de ce débat. Au xie siècle, on se contentait à Conques de dire vaguement que « Pépin, Charles et Louis » avaient comblé l'abbaye de leurs dons [1], et de supposer que Dadon avait été non le fondateur, mais le restaurateur de l'abbaye.

M. Darcel croit que l'A de Charlemagne est un *alpha*, jadis pendu au bras d'un crucifix. S'il n'avait pas lu dans la chronique de Figeac qu'Aimar, soi-disant abbé de Conques et de Figeac en 816, avait fait présent d'une croix à chacun de ces monastères, il n'hésiterait pas, d'après le caractère de l'orfèvrerie, à dater ce bijou du xiie siècle [2]. Or nous savons maintenant que la plus

---

1. *Arch. de l'Aveyron.* Evêché de Rodez, bulle d'Urbain II, 1099.

2. *Ann. arch.*, t. 20, p. 264. — Voyez ce qu'a dit de l'A de Charlemagne M. de Lasteyrie, dans les *Mémoires de la Société des Antiquaires de France*, 3e série, t. VIII. p. 61 et suiv. Il ne faut pas perdre de vue qu'au xiie siècle le trésor de Saint-Julien de Brioude renfermait un C qui devait avoir quelque analogie avec l'A de Conques : M. Paul Le Blanc, de Brioude, possède l'original d'une sentence d'excommunication lancée au xiie siècle contre un malfaiteur

grande partie de la chronique de Figeac et le préambule de celle
de Conques ont tout juste la valeur d'un roman.

*Jugement du procès par les érudits de la Congrégation
de Saint-Maur*. — La cause des deux monastères est évoquée
de nouveau au XVIIIe siècle, cette fois, devant le tribunal de l'histoire. Mabillon se prononce d'abord avec une grande sûreté
de critique. Sans aller au fond du débat, il juge sommairement
la chronique de Figeac et déclare que la fondation de cette abbaye
doit être attribuée à Pépin d'Aquitaine et non à Pépin le Bref[1].
Pour Conques, il entre dans plus de détails et démontre, par une
citation du diplôme de Louis le Débonnaire, que ce monastère
devait son origine à Dadon[2].

Après qu'il a ainsi tranché cette double question, ce n'est pas
sans étonnement qu'on le voit ensuite infirmer son premier juge-
ment[3]. Le chapitre, qui avait succédé à l'abbaye de Figeac,
n'avait pas abandonné les prétentions de sa devancière et s'était
empressé d'envoyer au savant bénédictin des documents, accom-
pagnés sans doute des plus vives sollicitations. Mabillon, non
sans embarras, dit qu'il a entre les mains une copie, écrite au
XIe siècle à la vérité, d'un diplôme de Pépin le Bref, fixant à 752
la fondation de Figeac. Comme ce diplôme fait mention de la
donation à cette abbaye du « couvent des ermites de Conques, »
le voilà obligé, pour accorder des documents contradictoires, de
revenir sur son excellente dissertation et d'expliquer, en dépit du

« qui furatus est auream litteram Beati Juliani videlicet C. » L'existence de
lettres semblables dans différentes églises est attestée par plusieurs chroniqueurs
du moyen-âge, tels que Philippe Mousket, vers 3686, dont le passage a été
rapporté par M. Gaston Paris, *Histoire poétique de Charlemagne*, p. 356. Aux
auteurs que M. Paris indique comme ayant attribué à Charlemagne l'origine de
ces lettres, il faut ajouter Bernard Gui, lequel s'exprime ainsi dans ses Fleurs
des chroniques : « Deinde ad numerum elementorum alfabeti XXIIII[or] cenobia
fundavit, et in unoquoque per ordinem litteram unam ex auro fabricatam reli-
quit, ad tempus fundacionis unius cujusque monasterii dinoscendum, que littere
adhuc in plerisque monasteriis conservantur, quorum nomina sunt hec... »
Bernard Gui n'a pas dressé la liste des monastères qu'il se proposait d'insérer
à la suite de cette phrase ; voyez à la Bibl. Nat. le ms. latin 1171 des nouvelles
acquisitions, fol. 44 v°, et le ms. latin 4976 A, fol. 53.

1. *Annal. ordin. S. Bened.*, t. I, p. 358.
2. T. II, p. 401.
3. T. II, p. 402.

texte formel, que les premiers fondateurs de ce dernier furent, avant Dadon, les chrétiens qui avaient cherché dans ce lieu reculé un abri contre la fureur des Sarrasins. Ne croyez pas cependant qu'il regarde comme parfaitement sincère l'acte de Pépin le Bref. Il reconnaît qu'il contient des interpolations manifestes ; mais il lui paraît devoir faire autorité sur le point de l'établissement de Figeac. Singulier raisonnement ! Ne fallait-il pas conclure, au contraire, que le reste du document étant altéré, le passage relatif à la fondation, objet du litige, devait être considéré au moins comme suspect ? Remarquez d'ailleurs la date de la copie : elle est du xe siècle, c'est-à-dire qu'elle a été faite à l'époque du procès entre les deux abbayes, autre motif grave d'être en défiance.

Mabillon est d'autant moins excusable de s'être laissé prendre à ces inventions qu'il publie, dans le même volume [1], un document dont il résulte clairement que Figeac n'existait pas encore au commencement du ixe siècle. Dans l'état des charges des monastères de France, dressé en 817, Conques est désigné parmi ceux qui ne devaient ni impôt ni service militaire, mais seulement des prières. On y lit en même temps les noms des abbayes d'Aniane, de saint Gilles, de Psalmodi, de Moissac, de Saint-Antonin, etc. Figeac n'est pas mentionné. Il est vrai que la chronique a imaginé fort à propos des barbares pour le renverser de fond en comble avant 822. Mabillon pourtant n'a pas été jusqu'à croire à cette invasion qui, épargnant tous les couvents voisins, se serait attaquée au seul Figeac.

Les auteurs du *Gallia christiana*, malgré l'autorité de Mabillon, répugnent à admettre les documents de Figeac. Mais ils n'ont pas le courage de les réfuter ouvertement, ils se contentent, en puisant dans les mémoires qu'on leur a adressés, de se laver les mains des inexactitudes qu'ils renferment. « Je ne dis » pas, » écrit le rédacteur de la notice de l'abbaye de Figeac, « ce » que je pense, mais j'expose de bonne foi ce que je lis dans les » titres de ce monastère [2] ; » et plus loin : « tous les documents » produits par Figeac ne me semblent pas exempts d'altéra- » tions [3]. » Il relève les difficultés que présente la chronique et

1. T. II, p. 438.
2. T. I, p. 171.
3. T. I, *Instr.*, p. 43.

lui oppose les pièces venant de Conques avec une préférence peu dissimulée pour elles. Mais cela ne l'empêche pas d'insérer, parmi les preuves , deux bulles qui déshonorent le premier volume du *Gallia christiana*[1].

L'une, mise sous le nom d'Etienne II, expose le voyage fait par ce pape pour consacrer l'édifice bâti par les ordres de Pépin le Bref, la confirmation de l'union à Figeac du monastère de Gaillac et de l'ermitage de Conques, et les étonnants priviléges accordés à la nouvelle abbaye. Certainement Etienne n'a pas béni, en 755, une maison qui date seulement de 839, et son pouvoir n'a pas été jusqu'à lui adjoindre des couvents qu'on ne songeait pas encore à fonder. Il suffit d'ailleurs de lire le texte de cet acte, pour être convaincu de sa fausseté.

L'autre bulle, attribuée à Pascal Ier, est tout à fait divertissante. Elle a pour objet la reconstruction de l'abbaye après l'invasion des barbares dont j'ai déjà parlé. Tous ses habitants ont été massacrés ; seul, un clerc, élevé dans la maison, a survécu. Il est fait abbé par le pape, qui l'envoie pour relever le monastère ruiné. Plus soucieux de leur trésor et de leurs archives que de leur propre existence, les moines les avaient mis en sûreté dans le château de Capdenac qui leur appartenait. Le pape invite Guillaume et Girbert, « chevaliers, seigneurs de ce lieu, » à réintégrer l'abbaye dans toutes ses possessions.... Est-il besoin de pousser plus loin cette analyse? Le faussaire du XIe siècle ignorait que la France du IXe ne ressemblait pas à celle qu'il avait sous les yeux ; qu'il n'y avait pas encore de chevaliers en 822 ; que Capdenac était le siége d'une vicairie au temps des Carlovingiens, et que le règne de la féodalité n'était pas encore venu.

Dom Vaissète, dans l'*Histoire du Languedoc*, publiée en 1761, ne s'en est pas laissé imposer par les défenseurs de l'antiquité de Figeac. Sans avoir égard aux tergiversations de Mabillon ni à la faiblesse des auteurs du *Gallia christiana*, il établit nettement que le diplôme de Pépin le Bref est controuvé, et que la fondation de Figeac date seulement de Pépin d'Aquitaine[2].

L'abbaye de Conques, transformée depuis le XVIe siècle en

1. T. I, *Instr.*, p. 43, XXXIV et XXXV. — 2. T. I, Notes, p. 740.

chapitre séculier, pouvait faire rentrer dans le néant les prétentions de Figeac à cette haute antiquité, en exhibant le diplôme de ce dernier roi. Mais il est à remarquer que ce document a été laissé dans l'ombre, au xviiie comme au xie siècle, par ceux qui le détenaient. Le chapitre n'a sans doute pas voulu, en le produisant au grand jour de l'histoire, infliger un démenti aux moines, ses prédécesseurs. Bosc, ci-devant chanoine de Conques, l'a édité dans les *Mémoires pour servir à l'histoire du Rouergue*[1], avec des erreurs de lecture et quelques lacunes. L'original, dont l'authenticité est inattaquable, est conservé aux archives de la Société des lettres, sciences et arts de l'Aveyron.

2° PÉLERINAGE DE SAINTE-FOI DE CONQUES.

Translation des reliques de sainte Foi d'Agen à Conques. — A la fin du ixe siècle, l'abbaye possédait un petit nombre d'églises et de domaines autour d'elle, dans les pays de Rouergue, de Quercy et d'Auvergne, sur les confins desquels elle est bâtie[2]. Elle aurait sans doute végété dans une obscure médiocrité, si un événement inattendu ne lui avait donné une notoriété extraordinaire. Je veux parler de la translation des reliques de sainte Foi d'Agen.

En 858, un moine du monastère de Saint-Germain-des-Prés, primitivement dédié à saint Vincent de Sarragosse, Usuard, l'auteur du martyrologe, entreprit d'aller chercher à Valence le corps du patron de sa maison. Trompé par des renseignements inexacts, il ne dépassa pas Cordoue et se borna à rapporter des reliques de chrétiens martyrisés pendant la persécution d'Abdérame[3]. A ce moment, les restes de saint Vincent se trouvaient en la possession de Senieur, évêque de Sarragosse, qui ne savait pas quel trésor était tombé entre ses mains. Un moine de Conques, Audaldus, sur les indications d'un espagnol nommé Berta, les avait, en 855, enlevés de Valence. Comme il passait à Sarragosse, une femme chez qui il était logé, le voyant, pendant la nuit, psalmodier avec des cierges allumés, le dénonça à l'évêque qui le

<hr>

1. T. III, p. 153.
2. Cartulaire de Conques.
3. *Hist. du Lang.*, t. I, p. 557.

fit saisir avec les reliques. Audaldus, mis à la torture, refusa de dire de quel saint elles étaient. Après l'avoir retenu quelque temps prisonnier, on le laissa partir, sans lui rendre son précieux fardeau. Revenu à Conques, il raconta ses aventures à ses confrères qui refusèrent de le croire et le chassèrent. Il fut recueilli par Gislebert, abbé de Castres, et huit ans après, avec le secours de Salomon, comte de Cerdagne, il parvint à arracher le corps de saint Vincent à l'évêque de Sarragosse, et il en fit présent au couvent qui lui avait donné asile [1]. Bientôt, les pèlerins affluèrent à Castres. Helissachar, évêque de Toulouse, y vint avec son clergé et une multitude de ses diocésains qui furent témoins de miracles éclatants [2].

Les moines de Conques se repentirent alors d'avoir laissé échapper cette relique insigne qui pouvait donner à leur couvent un si grand lustre. Ils cherchèrent à la remplacer. Le diocèse d'Agen possédait un martyr du nom de saint Vincent dont le corps était déposé à Pompejac. Ils s'en emparèrent ; par quel moyen? on l'ignore. D'une part, les chartes de l'abbaye mentionnent, dès 883, sa présence [3]; d'autre part, d'antiques leçons du bréviaire d'Agen constatent que Pompejac ne possédait plus que le tombeau du martyr et ajoutent que le corps avait été porté à Conques. La translation est donc certaine, et les doutes élevés sur elle par Henschenius ne tiennent pas devant cette double affirmation [4]. Du reste, les Bollandistes corrigèrent eux-mêmes l'erreur de leur confrère [5]. Plus tard, les reliques de ce saint furent sans doute partagées entre les maisons de l'obédience de Conques ; il n'en demeure plus aujourd'hui au trésor que quelques fragments, conservés dans deux autels portatifs, l'un du xe siècle [6], l'autre de 1106 [7], et dans un tryptique du XIIIe [8].

En allant chercher le corps de saint Vincent, les émissaires de Conques trouvèrent l'occasion de dérober les reliques de sainte Foi, vierge d'Agen, mal gardées dans une église du faubourg de cette ville. Les Bollandistes publient deux récits de cet événe-

---

1. *Hist. transl. S. Vinc. act. SS. Bened. sæc. IV, part. I*, p. 643.
2. *Hist. du Lang.*, t. I, p. 567.
3. *Cartul.*, f° V.
4. *Act. Sanct. Juin*, t. II, p. 163.
5. *Octobre*, t. III, p. 278.
6. *Annales archéolog.*, t. XVI, p. 84.
7. **T. XVI**, p. 87, fait par les ordres de Begon III. — 8. **T. XX**, p. 219.

ment [1]. Le premier le place *sub Carolo minore*, et le second ajoute que ce Charles fut détrôné par Eudes, duc d'Aquitaine : ce serait donc Charles le Simple. Les Bollandistes s'appuient sur une charte de Conques [2], datée de 888, pour démontrer que, cette année déjà, sous Charles le Gros, le corps de sainte Foi était à Conques et il leur semble que c'est ce prince qui est désigné par cette expression. Mais le cartulaire contient une pièce qui prouve que la translation était accomplie, la 4e année du règne de Carloman, le 30 juillet 883 [3]. — Dom Vaissète tire du cartulaire de Conques une charte de Bernard, comte d'Auvergne, qu'il date du 21 juillet de la même année [4]. Elle énumère les reliques de l'abbaye et ne nomme pas sainte Foi. Il faudrait conclure du rapprochement de ces deux documents que les restes de cette vierge-martyre ont été apportés à Conques, du 21 au 30 juillet 883. Mais j'objecterai d'abord que l'époque de la translation était rappelée dans l'abbaye par une fête qui se célébrait en janvier. Ensuite, je ferai remarquer que Bernard ne prend dans ce document que le titre de comte. Or il avait été fait marquis de Gothie dès 878 [5]. Il se serait intitulé, en 883, *comes et marchio*. Nous n'avons pas d'ailleurs sous les yeux l'original, mais seulement une copie qui peut être fautive, et je préfère ne tirer aucun parti d'une pièce dont la date n'est pas incontestable que de conclure avec dom Vaissète, contre tous les monuments publiés par lui-même, que Charles le Gros a été, du vivant de Carloman, reconnu comme roi dans une partie de l'Aquitaine. Du reste dom Vaissète apporte à cette conclusion tant de correctifs qu'on peut dire qu'il n'en laisse subsister à peu près rien [6].

Je ne pense pas qu'il faille se creuser la tête pour savoir quel Charles le versificateur anonyme a voulu désigner par ces mots : *sub Carolo minore*. Ce n'est pas un témoin qui parle, mais un écrivain qui rédige, au xie siècle, la narration d'un événement passé déjà depuis 200 ans. Son opinion n'a pas une grande importance. — Il est vrai que Jean Ghesquier date son œuvre des premières

---

1. *Acta Sanct. Octobre*, t. III, pp. 289 et 294.
2. *Gallia Christ.*, t. I, p. 259. — *Hist. du Lang.*, t. II, Preuves, p. 23.
3. F° V.
4. *Hist. du Lang.*, t. II, p. 14.
5. P. 7.
6. P. 14, et Preuves, p. 21, note.

années du xe siècle. Voici comment il raisonne : on possède, dit-il, deux versions de la translation de sainte Foi. L'une, en prose, raconte la construction d'une église à Conques par Etienne, évêque de Clermont, et un prodige qui aurait empêché le transport des reliques dans la basilique nouvelle. Cet évènement a dû se passer vers 937. Comme elle ne dit mot du monument bâti vers 1035 par Odolric, elle est antérieure à cette dernière époque et se place par conséquent entre 937 et 1035. L'autre récit, en vers, ne faisant aucune allusion à la tentative infructueuse de translation d'Etienne, est nécessairement antérieur à 937.

Toute cette argumentation est seulement spécieuse. L'histoire écrite en prose n'est autre chose que l'amplification du poëme en périodes cicéroniennes. Elle ne contient, sur le vol des reliques, pas un détail de plus que ce dernier. Elle est écrite dans ce latin si facilement reconnaissable de la Renaissance, émaillé d'expressions grecques comme le français de Ronsard, et qui témoigne d'une érudition fort au-dessus de la portée d'un moine du xie siècle [1]. Nous avons encore là une des productions du procès soutenu par l'abbaye contre l'évêque de Rodez, au temps de François Ier. L'auteur a imaginé la fable de la translation des reliques dans une église nouvelle, d'après un passage tronqué et obscur de la chronique de Conques : *hic denique ecclesiam de Roffiaco cum suis pertinentiis et plures villas in pago Arvernico beatæ Fidi concessit atque ejusdem gloriosæ virginis et martyris* [2]... *auctor extitit ubi quoque partem ipsius capitis venerabiliter reposuit, multaque alia beneficia, ut legitur, monasterio suo contulit.* C'est de la confection d'une châsse et non de la construction d'un édifice qu'il s'agit ici. Il existe encore à Conques une antique statue de sainte Foi qui est le commentaire vivant de la chronique. M. Darcel en fixe la confection au ixe siècle. Les reliques ayant été apportées à Conques peu avant 883, je pense qu'il me permettra de la faire descendre jusqu'à 940 ou environ. Jean Ghesquier observe que le prosateur ne parle pas de l'église construite par Odolric. Or précisément c'est

---

1. *Librarios* philochristos... themata *recte vivendi*... sophismatis stemate... celeumata *exercendo*... *septentrionale* clima... *litterarum* anaglypha... poliandrum *sacræ virginis*... chaire *stella*, etc., etc.

2. Il manque ici un mot ; dom Martène propose *translationis* qui ne s'accorde pas avec la phrase complémentaire qui suit : *ubi quoque*, etc. Je mettrais *capsæ* avec lequel on forme la phrase à peu près correctement.

l'édifice du xie siècle qu'il décrit, avec les modifications apportées plus tard dans l'intérieur. Ne pouvant, dit-il, transporter les reliques dans l'église qu'Étienne venait d'élever pour elles, on prit le parti de les laisser derrière l'autel de Saint-Sauveur. Elles y sont encore dans une armoire, ménagée au milieu d'un mur qui bouche les entrecolonnements du chœur depuis le xvie siècle.

De ce que le versificateur n'a pas parlé de la construction d'une basilique imaginaire sous Etienne I, on ne saurait conclure qu'il a écrit avant l'époque où cet abbé gouverna Conques. Pour dater sa narration nous avons une indication bien plus caractéristique. Tandis qu'il fait passer à Figeac le voleur du corps de sainte Foi, il ne peut s'empêcher de dire son mot sur la question en litige entre les deux abbayes :

> *Lœtus venit Figiacum*
> *Quem locum* procul dubio
> *Concharum sub dominio*
> *Pippinus rex qui fuerat*
> *Olim construi jusserat.*

Ce *sans doute* m'a bien l'air d'une allusion au procès pendant au xie siècle. L'amplificateur du xvie né prend plus intérêt à cette querelle qui avait tant passionné ses devanciers, et avec un laconisme qui n'est pas exempt de mépris, il dit simplement : *obtigit si quidem cum vicum quemdam, Figiacum vocatum, idem pertransiret...* Les vers du poëme qui nous occupe ont la même facture que ceux gravés sur le portail de l'église et sur le tombeau de l'abbé Begon, monuments de la seconde moitié du xie et des premières années du xiie siècle [1].

Livre des miracles de sainte Foi. — A la suite des deux versions de la translation de sainte Foi, les Bollandistes publient le *Livre des Miracles*, opérés par son intercession. Le style en est tellement semblable à celui de la version en prose qu'à première vue on est disposé à l'attribuer au même auteur. Pourtant, ici, nous n'avons plus affaire à un anonyme ; l'écrivain se nomme à la première page : Bernard, écolâtre d'Angers ; et il dédie à Fulbert, évêque de Chartres de 1007 à 1029, son ouvrage qui est divisé en trois livres, composés chacun de plusieurs chapitres et

---

1. Voyez ces inscriptions dans l'ouvrage de Mérimée cité plus haut.

encadrés, comme l'histoire de la translation, entre un prologue
et un épilogue. En le lisant, on remarque d'abord au chapitre IIe
du livre I ces mots : *cujus mentionem si in precedenti epis-
tola non fecerim* qui ne répondent guère à sa forme et à son
titre. Puis, les Bollandistes nous apprennent que, dans le manuscrit d'après lequel ils ont donné leur édition, un moine de
Conques paraît se substituer souvent à l'écolâtre d'Angers et dit :
nos, nostrum monasterium, nostro in vico [1], etc. Enfin l'on
pêche, çà et là, noyés dans ces flots de latinité classique, quelques
mots barbares, épaves d'un texte plus ancien. Nous sommes en
présence d'un monument hybride, résultat d'un travail identique
à celui qui a produit la version en prose de la translation. Un
moine du xvie siècle a pris quelques vieilles légendes, peut-être
deux ou trois lettres adressées par Bernard à l'évêque Fulbert,
et a fondu ces éléments divers en un amalgame qu'il a fait passer
sous l'étiquette d'un écolâtre du xie siècle.

Les érudits qui se sont occupés du *Livre des Miracles* citent
cinq manuscrits de cet ouvrage, tous dissemblables. Les Bollandistes ont trouvé le leur au Vatican. Ils y joignent quelques
extraits d'un second, conservé autrefois à la Chartreuse de
Strasbourg, qui paraît composé ou retouché par la même main [2].
Bonal, juge des montagnes du Rouergue, cité par dom Vaissète,
transcrit, dans son histoire manuscrite des comtes de Rodez,
deux passages d'un texte, mis également sous le nom de Bernard, divisé en trois livres et contenant un plus grand nombre
de chapitres que celui des Bollandistes [3]. Le P. Labbe a donné,
avant ces derniers, une édition, sans prologue ni épilogue, sans
division en livres et sans nom d'auteur ; c'est le même texte,
avec quelques additions d'une part et quelques retranchements
de l'autre [4]. Enfin dom Mabillon publie, d'après un manuscrit de
Chartres, un prologue contenant d'abord la dédidace à Fulbert
qui est dans le manuscrit du Vatican, et de plus une description
de l'église dans laquelle il est facile de reconnaître l'édifice
actuel, suivie du récit d'une procession, où l'on aurait porté les
reliques de sainte Foi dans une châsse offerte par Charlemagne [5].

1. *Act. Sanct. Octob.* t. III, 287.
2. P. 325.
3. *Hist. du Lang.*, t. II, Preuves, p. 6.
4. *Nova bibliotheca manuscriptorum*, t. II, p. 531.
5. *Annal. bened.*, t. IV, p. 703.

Un auteur du xie siècle n'a pu entendre à Conques attribuer à cet empereur le don d'un reliquaire destiné à contenir le corps de cette vierge-martyre. Le chronographe, qui est de cette époque, exprime l'opinion accréditée dans l'abbaye et nous avons vu qu'elle ne fait pas remonter la translation plus haut que la fin du ixe siècle. C'est une preuve de plus que le texte du *Livre des Miracles* a été remanié, qu'il est impossible d'y reconnaître ce qui appartient à Bernard, écolâtre d'Angers, et que les Bollandistes, en lui faisant l'honneur d'une place dans l'admirable monument qu'ils ont élevé à l'érudition chrétienne, n'ont pas montré la sévérité de critique à laquelle ils nous ont habitués.

Bulle de Pascal II. — Si l'on en croit une bulle de Pascal II, adressée à l'abbé Begon, entre 1099 et 1110, il existait, dès cette époque, des leçons de ces miracles qui se lisaient dans l'église. Cette pièce, reproduite par les Bollandistes [1], donne aux moines l'autorisation de nommer sainte Foi au canon de la messe et met l'abbaye dans la juridiction des légats du Saint-Siège, à l'exclusion de l'Ordinaire. Il est certain que Pascal a donné à l'abbaye de Conques des témoignages d'une bienveillance toute spéciale. Sur le socle d'un bas-relief formé de débris de plusieurs pièces d'orfèvrerie, on lit un fragment d'inscription qui prouve que le trésor lui était redevable de reliques insignes [2].

Malgré cela, j'avoue que cette bulle me paraît suspecte. Sa teneur, j'en conviens, ne s'écarte pas des formules des petites bulles de Pascal II ; il n'y manque que l'année de l'indiction. Mais, dans le grand procès du xvie siècle, les moines ont présenté comme l'original de ce document une grossière contrefaçon dont la fausseté saute aux yeux les moins exercés. Ils y ont joint une copie, homologuée au parlement de Toulouse, de ce même original supposé que le greffier a pris pour l'acte authentique. Et qu'on ne dise pas qu'ils ont fait cette production fallacieuse pour ne pas s'exposer à perdre le vrai titre, car je répon-

1. *Act. Sanct. Octob.* t. III, p. 282.

2. M. Darcel observe (*Ann. arch.*, t. XX, p. 219) que le bas-relief est surmonté d'un petit fronton, étranger à la composition primitive. Il est facile de voir que le socle ne lui appartient pas davantage. Ces retranchements opérés, on aura dans la plaque du milieu, représentant le crucifiement avec ces mots : *me fieri jussit Bego, clemens cui Dominus sit,* l'un des plats de la reliure d'un évangéliaire fait, suivant le chronographe de Conques, sous l'abbé Begon III.

drai qu'ils n'ont pas craint de se dessaisir d'une grande bulle d'Urbain II qui n'avait pas moins d'importance pour le soutien de leurs priviléges.

Sincère ou fausse, la décision de Pascal II ressortit son double effet dans le cours des siècles ; les Bollandistes citent un grand nombre de missels, peu anciens à la vérité, de divers diocèses dans lesquels le canon de la messe porte le nom de sainte Foi. Quant aux légats, ils prirent leur rôle de supérieurs si fort. au sérieux que les moines, en 1225, se virent réduits à leur faire interdire par le pape de disposer, suivant leur convenance, des prieurés de l'abbaye[1].

3⁰ Propagation du culte de sainte Foi et en même temps de l'école d'architecture romane dite languedocienne.

Progrès du pèlerinage de Sainte-Foi. — Les vieilles légendes, dont on retrouve le souvenir dans le *Livre des Miracles*, mentionnent plusieurs personnages historiques du x⁰ siècle ; on y note aussi des noms d'évêques dont l'épiscopat a commencé après 1029. Les pélerins dont elles parlent viennent du Rouergue, de l'Auvergne, du Quercy, du Limousin, des environs de Toulouse, du nord de l'Espagne. L'écolâtre Bernard serait parti d'Angers, après avoir habité Chartres, qui aurait déjà possédé une chapelle de Sainte-Foi. Il est certain qu'avant la Révolution cette ville avait sous ce vocable un prieuré-cure de la fondation duquel on ignore la date précise ; mais j'ai peine à croire qu'elle remonte plus haut que la fin du xi⁰ siècle.

Le cartulaire ne laisse pas supposer une diffusion si rapidement étendue de la dévotion à sainte Foi. Pendant les cinquante années qui suivent la translation des reliques, les propriétés dont s'enrichit l'abbaye ne sortent pas de son premier centre d'influence, c'est-à-dire des provinces de Rouergue, d'Auvergne et de Quercy. La première trace d'un pèlerinage en dehors de ces limites est une donation, bien modeste, d'un demi-muid de vigne dans le comté de Gap, en 930[2]. Il faut ensuite descendre jusqu'à 1003 pour trouver un voyageur venu de loin, du comté

1. Cartulaire, f⁰ XXIV v⁰ en marge.
2. F⁰ CCXXXII.

d'Orange [1]. Sous le règne de Robert, le rayon s'agrandit et va d'un côté jusqu'au pays toulousain, de l'autre il atteint le diocèse d'Agde, les comtés de Narbonne et de Viviers. Au temps d'Odolric (av. 1030 — ap. 1062), on vient du Gévaudan, des comtés d'Uzès et du pays de Comminges. Vers le nord, le culte de sainte Foi ne franchit pas encore les bornes de l'Aquitaine. C'est seulement entre 1065 et 1110 qu'il acquiert des prosélytes d'abord dans le diocèse de Langres, puis dans celui de Meaux. Dans cette période, il prend des proportions inouïes. A l'est, il gagne le Velay, les diocèses de Lyon, de Saint-Paul-Trois-Châteaux, de Sisteron, d'Avignon, d'Apt, de Genève ; au sud et à l'ouest, ceux de Nîmes et de Dax, les comtés de Fenouillède, de Vallespir, les diocèses de Bazas, de Bordeaux, de Périgueux, le Limousin. Pierre d'Andoche, moine de Conques, devenu évêque de Pampelume, le porte dans la Navarre [2] et dans l'Aragon. Il va jusque dans le comté de Minorque. Pour tout dire, l'évêque d'Agen et ses diocésains viennent vénérer à Conques les reliques qui leur ont été enlevées et enrichir de leurs libéralités les ravisseurs. Au XIIe siècle, la dévotion à sainte Foi passe l'océan et s'établit dans le diocèse de Norwick en Angleterre. En 1167, elle fleurit en Alsace. La pancarte inédite [3] des bénéfices dépendant du monastère nous la montre en Italie dans les diocèses de Verceil et de Forli.

L'église abbatiale de Conques, type du style roman languedocien. — Dans le remarquable cours d'archéologie que M. Quicherat professe à l'École des chartes, il observe que du style auvergnat, caractérisé par une voûte centrale en berceau, contreboutée par les voûtes des bas-côtés à la hauteur de la nef du milieu, est dérivé le style languedocien. Dans cette seconde branche, le bas-côté est divisé en deux étages : une nef et au-dessus une tribune dont la voûte sert de soutien au vaisseau principal. M. Quicherat cite, parmi les monuments les plus complets de cette école d'architecture romane, Sainte-Foi de Conques et Saint-Sernin de Toulouse.

L'abbaye de Conques, bâtie sur les confins de l'Auvergne où

---

1. F° CXCVII.
2. Le prieuré de Roncevaux appartenait à l'abbaye.
3. Pouillé des diocèses de Rodez et de Vabres, manuscrit, XVIe siècle.

elle possédait de nombreuses terres, a été, au x⁰ siècle, adminis-
trée par des évêques de Clermont. En partie peuplée de moines
originaires de cette province, il est très-naturel de supposer
qu'elle aura subi l'influence des idées et des goûts qui y avaient
cours. L'église de Conques a donc pu être construite par un
architecte auvergnat qui, faisant faire à l'art roman un pas considérable, a produit dans cet édifice un type nouveau.

Mais, objectera-t-on, n'est-ce point Saint-Sernin de Toulouse
qui a servi de modèle à Sainte-Foi de Conques? C'est une question de dates. Urbain II, en 1095, consacra l'église encore ina-
chevée de Saint-Sernin qui a été commencée vers 1060 [1]. D'après
le chronographe de l'abbaye rouergate, celle de Conques était à
peu près terminée au moment où l'on posait la première pierre
de Saint-Sernin. *Odolricus... basilicam ex maxima parte
consummavit..., corpus beatæ Fidis de veteri ecclesia in
novam basilicam transtulit, ac etiam monasterium in ea
forma in qua est ad honorem Dei et beatæ Fidis fecisse
creditur, tempore Henrici, Francorum [regis]...* Odolric,
abbé avant 1030, est cité pour la dernière fois dans une pièce de
1062. J'ai démontré plus haut que l'auteur anonyme écrivait
vers 1095. On ne saurait lui refuser créance, quand il parle
d'événements récents qu'il a vus ou appris de témoins ocu-
laires, surtout si l'abbaye de Figeac n'est pas en question. Il
ajoute que Begon III, qui gouvernait Conques au moment où il
composait sa chronique, a fait bâtir le cloître qui s'appuyait sur
le bas-côté méridional de la nef. C'est une preuve de plus que
l'église était alors achevée. Le cloître est détruit et il n'en reste
que quelques débris recueillis par le curé ; il abritait le tombeau
de son fondateur, demeuré intact contre le mur de l'église, avec
une inscription que M. Mérimée a relevée.

La comparaison de Sainte-Foi et de Saint-Sernin fait ressortir
dans le monument de Toulouse une hardiesse, un ensemble, une
sûreté d'exécution qu'on est loin de trouver dans celui de
Conques. Ce dernier, parmi des beautés de premier ordre, porte
la trace de quelques gaucheries qui trahissent des tâtonnements
et une certaine inexpérience.

Au xi⁰ siècle, les relations entre Conques et le pays toulousain étaient devenues fréquentes. Durand, évêque de Toulouse,

1. *Hist. du Lang.*, t. **II**, p. 175 et 265.

et son successeur Isarn firent à l'abbaye d'importantes donations. Le cartulaire nous montre les moines bâtissant, dans tous les lieux où ils vont s'établir, des églises, des couvents et même des bourgs dits *salvetats*, localités franches dont je parlerai dans la seconde partie de ce travail. Un document nous a conservé les noms de trois de ces moines architectes : Amancius donne deux manses dans le Bazadois à condition que Deusdet, moine, ou Pierre, ou Odolric y construira une église en l'honneur de sainte Foi[1]. Ainsi le culte de cette sainte a porté avec lui le style né à Conques dans toutes les contrées où il s'est propagé, et nous saisissons sur le fait la formation et le développement d'un mode d'architecture romane, très-répandu dans le midi de la France. A ce titre, l'église de Sainte-Foi, fort intéressante déjà en elle-même, mériterait d'être l'objet d'une monographie détaillée.

4° CHRONOLOGIE DES ABBÉS DE CONQUES.

I. DADO.— Deux diplômes, l'un de Louis le Débonnaire, l'autre de Pépin d'Aquitaine, nous ont appris que Dadon était le fondateur de l'abbaye de Conques au VIIIe siècle.

II. MADRALDUS. — Madraldus lui avait succédé en 801[2]. Il vivait encore en 819 ; c'est à lui qu'est adressé le diplôme de Louis le Débonnaire qui confirme l'érection du monastère[3].

III. ANASTASE.— Madraldus était mort en 823. Anastase, cette année, conclut, par les soins d'un *missus dominicus,* un accord avec Bertrand, vasse du Roi, et avoué de l'église Sainte-Marie de Laon[4].

IV. ÉLIE. — Pépin d'Aquitaine fonde le monastère de Figeac, en 838, et l'abbé Elie le peuple d'une colonie formée de moines de Jonant et de Conques.

V. BEGON I.— Le *Gallia christiana* donne pour successeur à Elie, en 855, Blandinus, nommé dans le récit de la translation des reliques de saint Vincent de Sarragosse que nous a laissé

---

1. Cartulaire, f° **LVI.**

2. F° **II.**

3. Argofredus placé ici par le *Gallia christiana,* d'après la chronique, n'est pas mentionné dans le cartulaire.

4. Cartul., f° **CCXLIII.**

Aimoin. Mais le moine de Saint-Germain-des-Prés était mal renseigné, car Begon reçoit une première donation en 851 [1], et une seconde après 864 [2].

VI. GIBERT. — En 883, Bernard donne à cet abbé les églises de *Verneducio*, aujourd'hui Saint-Cyprien près de Conques, par une charte qui détermine l'époque de la translation des reliques de sainte Foi [3].

VII. FROTARIUS. — Il est désigné dans une pièce de 887 ou 888 [4].

VIII. ARLALDUS ou AIRALDUS. — Diverses chartes nous apprennent qu'il gouverna l'abbaye peut-être depuis 898 [5], certainement depuis 901 [6] jusqu'en janvier 904 [7].

IX. RAOUL et FREDELON. — Les moines lui élirent immédiatement un successeur, car on trouve une charte prestaire faite par Raoul pendant ce même mois de janvier 904 [8]. En 925 [9], il s'était associé Fredelon qui paraît être son frère. Du moins, leurs mères portaient toutes deux le nom de Sénégonde [10]. Fredelon devint abbé de Vabres [11]; on ne le retrouve plus à la tête de Conques que Raoul gouverne encore en 930 [12].

X. JEAN [13]. — Il était prévôt de l'abbaye en 915 [14], et abbé avant 933 [15]. Il est vrai qu'une charte prestaire de la Xe année de Charles le Simple lui donnerait ce titre dès 909 [16]. Mais il y a évidemment une erreur de date qui est sans doute le fait du

1. F° CLII.
2. F° CXXIII v°.
3. F° V. C'est à tort que le *Gallia christiana* met cet abbé avant Begon I.
4. F° LXXXIX.
5. F° CXXXI.
6. F° CLXX.
7. F° XCIII.
8. F° CXXXV.
9. F° VI.
10. F° VII.
11. *Gallia christiana*, t. I, p. 275. Les auteurs de la notice des abbés de Vabres n'ont pas remarqué que Fredelon, abbé de Vabres, était le même personnage que l'abbé de Conques, quoiqu'ils citent le nom de sa mère.
12. Cartulaire, f° VII v°.
13. Geraldus qui précède Jean dans le *Gallia christiana* et la chronique n'est désigné dans aucune charte.
14. F° CLVI v°.
15. F° LXXV v°.
16. F° CLXXXIX v°.

copiste. Si l'on compare les signatures de ce document à celles de la prestaire de 904, passée par Raoul, on voit que les dignitaires de l'abbaye sont différents. Or il est bien difficile qu'ils aient tous disparu de 904 à 909. La première de ces pièces désigne parmi les témoins, en 904, Adraldus, Rotgarius, Widbaldus, enfants, Astarius, adolescent. Ils ont grandi, quand on rédige la seconde, et sont devenus Astarius, prévôt; Guitbaldus, gardien de l'église; Adraldus, portier du couvent; Rodgerius, portier des pauvres. Astarius, prévôt, est souvent mentionné dans les chartes, un peu avant et après 930. Le scribe qui a composé la seconde prestaire est Hictor, clerc, auteur de plusieurs pièces à cette dernière époque. C'est donc vers 930 que je crois devoir placer la seconde prestaire portant le nom de Jean. Il était encore abbé en 935 [1].

XI. ETIENNE I, BEGON II et HUGUES. — Après lui Etienne gouverne l'abbaye de 942 [2] à 984 [3]. Il était en même temps évêque de Clermont. En 958, les documents portent *Stephanus episcopus et Bego et Hugo abba* [4]. Une charte de 961 donne à Begon le titre d'évêque [5]. Il était sans doute le coadjuteur d'Etienne auquel il succéda sur le siège de Clermont. Hugues était le véritable abbé ; un document de 962 l'appelle *abbas secundum regulam* [6]. Etienne et Hugues sont nommés pour la dernière fois en 984 [7].

XII. BEGON II et ARLALDUS II. — Begon partage alors l'administration de l'abbaye avec Arlald II qui vit sous Hugues Capet [8].

XIII. BEGON II et GIRBERT. — On lui associe ensuite Girbert [9] qui, de 996 à 1004, ne passe pas moins de 29 contrats d'acquisition pour arrondir les propriétés du monastère.

XIV. BEGON II et ARLALDUS III. — Begon ne mourut que vers

---

1. Fᵒ CXLVI.
2. Fᵒ CXIV vᵒ.
3. Le *Gallia christiana* ne le fait vivre que jusqu'en 970.
4. Cartulaire, fᵒ CLXXXIII vᵒ.
5. Fᵒ CCIII vᵒ. Son épiscopat n'aurait, d'après le *Gallia christiana*, commencé qu'en 970.
6. Cartulaire, fᵒ CLXXXVIII vᵒ.
7. Fᵒˢ LXXIII vᵒ et C. Hugues est mentionné seul la même année deux mois après, fᵒ CLXXIII.
8. Fᵒ CCII vᵒ et CCXXIX.
9. Fᵒ CXXXVI vᵒ.

l'an 1010[1]. A Girbert avait succédé, en 1004, Arlaldus III[2].

XV. Airadus. — On pourrait croire que le nom d'Airadus est une variante d'Arlaldus, si l'on ne lisait dans une charte ces mots : *Arlaldus, abbas; decaniæ curam gerens Airadus*[3], qui démontrent qu'Airadus, doyen du temps d'Arlaldus, devint abbé après sa mort[4].

Il est impossible de dire combien de temps vécurent Arlaldus et Airadus. Il est probable que ni l'un ni l'autre ne conservèrent longtemps la dignité d'abbé, car les actes, peu nombreux, qui les mentionnent, sont rédigés par des clercs dont on trouve déjà les signatures au bas de documents de l'époque de Hugues Capet[5].

XVI. Adalgerius. — Doyen du temps d'Airadus[6]; il lui succéda[7]. Il n'est désigné que dans quatre actes, sous le règne de Robert[8].

XVII. Lautardus. — Le cartulaire ne contient qu'une pièce non datée qui le nomme[9]. Les chronographes de Conques et de Figeac, qui écrivaient environ 60 ans après Adalgerius, s'accordent tous deux pour le placer à la suite de cet abbé[10].

XVIII. Odolric. — Déjà sous le roi Robert, Odolric avait succédé à Lautard[11]. Il demeura plus de 30 années sur le siége abbatial qu'il occupait encore en 1062[12]. Son nom se trouve dans 66 chartes ; 20 autres où il n'est pas désigné sont certainement

1. *Gallia christiana.*
2. Cartulaire, f° CXCI v°.
3. F° CXCVII.
4. F° CCIII.
5. Le *Gallia christiana* emprunte à la chronique de Conques un abbé Nepos dont l'existence me paraît fort problématique.
6. Cartulaire, f° CLXVI v°.
7. F° LXVII.
8. Le chronographe de Conques met ici un Odolric en s'appuyant sur quelque charte de l'abbé Odolric, successeur de Lautard, qu'il aura mal datée.
9. Cartulaire, f° LXVIII.
10. Dans le *Gallia christiana*, le successeur de Lautard est un simoniaque du nom de Willelmus, d'après la chronique de Figeac qui me semble dénuée de toute autorité, quand elle avance un fait, sur l'abbaye de Conques, non confirmé par les documents venant de cette dernière. Airadus, qui suit Willelmus dans le *Gallia christiana*, doit précéder Adalgerius, suivant le cartulaire.
11. Cartulaire, f° CLXXX v°.
12. F° XVI.

contemporaines, puisqu'elles sont comprises entre 1031 et 1060; et je ne parle pas d'un grand nombre d'actes sans date précise, passés pendant les règnes de Robert et de Philippe ou ne contenant aucune indication chronologique, qui paraissent être de son temps. C'est à lui qu'on doit l'église qui existe encore.

XIX. Etienne II. — Il remplace Odolric en 1065[1]. On le trouve, en 1076, au concile de Rome où il obtient la bulle de Grégoire, expédiée en 1084, qui unit Figeac à Conques [2]. Les dernières chartes datées qui contiennent son nom sont postérieures à 1085[3].

XX. Begon III. — Begon, élu en violation de la bulle de Grégoire VII, aux termes de laquelle l'abbé survivant de Figeac devait commander aux deux abbayes, et déposé par le concile de Clermont en 1095, ne souscrivit pas à cette sentence. Nous trouvons un acte passé par lui en 1096[4]. En 1097, le concile de Nîmes, qui rendit aux deux abbayes leur autonomie, le remit en possession de son siège qu'il conserva jusqu'après 1108 [5]. Le chronographe de Conques, son contemporain, dit de lui : *Bego venerabilis, qui claustrum construxit, multas reliquias in auro posuit, textus evangeliorum fieri fecit.* En outre des monuments que j'ai cités plus haut, le trésor de Conques possède un petit édicule, en forme de lanterne, sur lequel on déchiffre cette indication incomplète : ..... *abbas sanctorum Bego partes* [6]... Peut-être Begon III a-t-il fait commencer le cartulaire.

XXI. Boniface. — Deux chartes nous apprennent son existence en 1110[7]. Mais je ne saurais dire jusqu'à quelle époque elle s'est prolongée. Les documents qui le concernent sont rares et sont datés vaguement des règnes de Henri, roi d'Angleterre de 1100 à 1135, et de Louis, roi de France de 1108 à 1137. Il est fort probable que le cartulaire a été, de son temps, conduit jusqu'au 30me cahier inclusivement.

Les chartes postérieures à Boniface sont trop peu nombreuses

1. F° CCLX v°.
2. F° XLVII.
3. F°s CCXXXIX v· et CCXLIX v·.
4. F° CC.., (après le CCLXIV·) n° provisoire 548.
5. F° LXX.
6. *Annal. archéol.*, t. XVI, p. 277.
7. Cartulaire, f° CCL... (après le CCLII·), n° provisoire 504.

pour qu'elles puissent servir à établir la suite complète des successeurs de Boniface jusqu'à la fin du xiiᵉ siècle.

Une pièce de 1139 [1] contient l'initiale B. du nom d'un abbé qui serait Bernardus, si l'on en croit un autre document du cartulaire [2], ou Berardus, si l'on s'en rapporte à une formule de serment prêté à l'évêque de Rodez [3]. Le *Gallia christiana* ne nomme pas cet abbé.

En revanche il indique, en 1154, Eudes et, en 1165, Hugues, qui n'ont laissé aucune trace dans le cartulaire.

Il cite, en 1167, Isarn qui aurait encore vécu en 1172. Mais une charte, offerte avec quelques autres aux archives départementales de l'Aveyron par M. le curé de Conques, donne en 1170 une initiale G. qui est peut-être celle de Gaucelmus dont le nom se trouve dans deux pièces sans indication chronologique [4]. — Le *Gallia christiana* qui place Gaucelmus plus haut, après Boniface, ne justifie pas ce rang par une preuve. — Il y aurait donc un Isarn I en 1167, et un Isarn II en 1172. Le cartulaire contient bien une pièce avec ce nom [5] ; mais comme elle est seulement datée de l'épiscopat de Gautier, évêque de Langres de 1163 à 1170, elle ne tranche point la difficulté.

Le dernier abbé du xiiᵉ siècle désigné dans ce manuscrit est Gualbert en 1183 [6]. Il manque dans le catalogue dressé par les frères de Sainte-Marthe.

---

1. N° provisoire 552.
2. N° provisoire 553.
3. *Arch. de l'Aveyron.* Évêché de Rodez.
4. Cartulaire, n°ˢ prov. 563 et 565.
5. N° prov. 561.
6. F° LXII v° en marge.

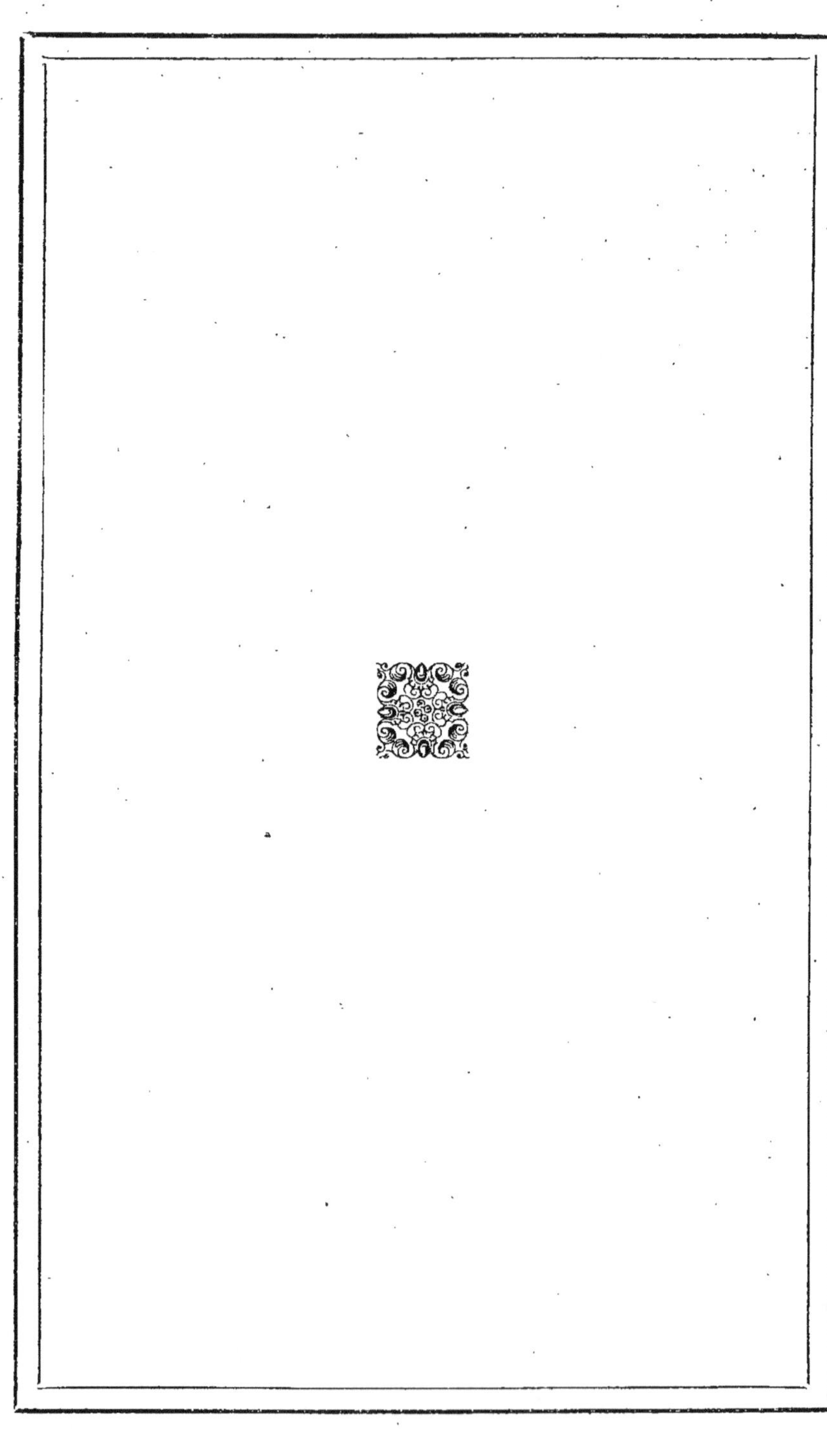